LA

SOCIÉTÉ BIBLIOGRAPHIQUE

ET DES

PUBLICATIONS POPULAIRES

PARIS

AU SIÈGE DE LA SOCIÉTÉ BIBLIOGRAPHIQUE

5, rue Saint-Simon, 5

—

1902

LA
SOCIÉTÉ BIBLIOGRAPHIQUE

ET DES

PUBLICATIONS POPULAIRES

I.

Son but et son caractère

« La Société bibliographique est la réunion des
« hommes de foi et des hommes de science, des hom-
« mes de bonnes œuvres et des hommes de travail,
« sur un terrain à la fois assez solide et assez large
« pour inspirer confiance à tous : assez solide, car on
« s'appuie sur une autorité qui ne peut faillir et de-
« vant laquelle tout catholique s'incline, l'autorité de
« l'Église; assez large, car on fait appel à tous les
« honnêtes gens cherchant de bonne foi la vérité et
« voulant servir utilement la science.

« La Société ne craint pas de faire hautement sa
« profession de foi : elle est catholique, et c'est pour
« cela qu'elle peut avoir la prétention d'être *univer-*

« *selle*. Elle n'impose d'ailleurs à ses membres ni
« limites étroites ni règles arbitraires. Elle dit à tous :
« nous sommes des chrétiens également dévoués à la
« Vérité et à la Science; nous cherchons ce qui unit
« et non ce qui divise. En présence des efforts de l'er-
« reur, de la propagande du mal, de la corruption
« des intelligences, ce n'est pas trop de toutes les
« forces sociales pour travailler de concert à éclairer,
« à fortifier, à régénérer les esprits. Nous prenons
« pour devise la vieille maxime de l'Église : IN NECES-
« SARIIS UNITAS, IN DUBIIS LIBERTAS, IN OMNIBUS CARI-
« TAS. Unité dans les croyances religieuses; liberté
« dans les questions douteuses qui peuvent partager
« les meilleurs esprits; charité en tout et à l'égard de
« tous, tel est l'esprit de notre Société. »

Ces paroles, prononcées par M. le marquis de Beaucourt, fondateur et président de la Société bibliographique, devant les membres de la première assemblée
générale, le 27 mai 1868, indiquent, avec toute la pré-
cision désirable, le caractère et le but de notre œuvre.

La Société se propose d'organiser l'action intellectuelle des catholiques : il n'est pas d'œuvre plus
urgente. Propagées par une presse frivole quand elle
n'est pas impie, par une littérature légère et souvent
immonde, par tous les moyens de diffusion dont dispose une science athée, les erreurs les plus graves et
les plus désastreuses semblent avoir pris possession de
la France. L'Église voit se dresser devant elle des préjugés qui ferment à sa parole l'accès des âmes. Les
erreurs qui circulent partout n'atteignent pas seule-

ment la foi ; elles s'attaquent aux vérités fondamentales sans lesquelles une société ne saurait exister. Pie IX et Léon XIII ont maintes fois signalé la gravité et l'imminence des périls qui menacent l'Église et la société ; ils ont invité les catholiques à les conjurer par tous les moyens en leur pouvoir. Les évêques et les prêtres sont les chefs tout désignés de cette croisade nouvelle. C'est par l'exercice de leur ministère et par les formes multiples de l'apostolat qu'ils s'opposent aux progrès de l'erreur et préparent le triomphe de la vérité.

Mais le clergé, s'il reste seul, sera impuissant. Les laïques instruits, soucieux de l'avenir de l'Église dans leur pays, doivent travailler à ses côtés : les hommes d'étude sont ses meilleurs auxiliaires. A l'heure présente, un grand nombre de catholiques se sont fait une situation très honorable parmi les savants et les artistes : leurs livres scientifiques, leurs travaux d'érudition, leurs œuvres littéraires sont, pour la religion, la plus éloquente des apologies. A côté d'eux, des hommes sincères, qui ne partagent pas nos convictions religieuses, rendent, par leurs publications, un témoignage éclatant aux vérités de la foi et à la bienfaisance sociale du christianisme. Il y a là, pour la défense de l'Église, un effort considérable de l'élite intellectuelle du pays.

Il s'agit d'assurer le succès de cet effort, en travaillant à l'augmenter, à lui donner l'efficacité désirable. Pour cela il faut chercher, parmi les travailleurs, ceux qui partagent nos convictions, les aider à se faire

connaître; rechercher les ouvrages de nature à servir la cause religieuse, les signaler, encourager leurs
auteurs et leurs éditeurs, travailler à leur diffusion;
prémunir nos compatriotes contre l'influence des hommes qui veulent mettre la science et la littérature au
service de l'impiété et de l'irréligion, et contre les
livres publiés dans ce but. Comme les catholiques ont
à cultiver l'ensemble des sciences humaines, leur faciliter cette tâche en mettant à leur portée les moyens
de s'instruire, c'est organiser l'action intellectuelle en
même temps que la diffusion de la vérité.

La Société bibliographique s'est, dès l'origine, vouée
à cette mission. Elle n'a pas à exercer une action directe
sur les amis de la science; elle se met plutôt à leur
service pour les aider à atteindre les esprits cultivés
auxquels ils s'adressent. Travailler à la formation parmi
les catholiques, prêtres, laïques, hommes ou femmes,
d'une élite intellectuelle pouvant tenir tête à la bour-
geoisie voltairienne qui exerce, à l'heure actuelle, une
si néfaste influence; élever le niveau des esprits dans
les classes ayant une supériorité sociale; leur donner
des convictions plus fortes pour les aider à réagir
contre l'avilissement des âmes; présenter à la jeunesse
un idéal qui la prémunisse contre le péril d'un scepti-
cisme envahissant et de la corruption des mœurs, tel
est le but poursuivi par la Société.

En travaillant au succès de la science et de la littérature catholique ou favorable au catholicisme, la Société bibliographique augmente le nombre et la valeur
des savants et des littérateurs catholiques. Il n'est pas

d'œuvre plus importante, parce qu'il n'en est pas de plus propre à imprimer à l'esprit public une direction chrétienne.

On assure ainsi à ceux qui ont une supériorité sociale, et par conséquent une mission à remplir, le moyen de s'acquitter des devoirs que cette mission leur impose. Ils doivent être les propagateurs des idées saines dans tous les milieux. Par la lecture, par le travail personnel, ils acquièrent cette supériorité d'esprit qui finit toujours par inspirer le respect et la confiance, et donne l'autorité nécessaire pour dissiper les erreurs et les préjugés, pour faire entrer la vérité dans les intelligences. Cette action des catholiques auprès du peuple s'exerce par la parole et par le livre. La Société bibliographique s'efforce de la développer et d'assurer son succès.

D'autre part, en fournissant aux hommes de bonne volonté, prêtres ou laïques, la possibilité de développer leur instruction, en mettant à leur disposition les œuvres scientifiques et littéraires pouvant contribuer à la défense et au progrès de la vérité religieuse, en les aidant à propager cette même vérité religieuse dans les classes populaires, la Société bibliographique est le complément nécessaire des écoles chrétiennes, de toutes les œuvres de jeunesse. Elle continue pour l'homme mûr ce que l'enseignement catholique fait auprès des enfants et des jeunes gens.

II.

La Société bibliographique et le Souverain Pontife

Pie IX et Léon XIII n'ont cessé d'appeler l'attention des catholiques sur les dangers que font courir à l'Église et aux peuples les erreurs propagées par une science et une littérature athées. Ils les ont vivement encouragés à unir leurs efforts pour conjurer le mal. La Société bibliographique devait, dans ces conditions, mériter leurs encouragements et leurs bénédictions.

En l'année 1877, Pie IX adressait au Président de la Société un Bref des plus élogieux. Ce document honore trop notre œuvre pour que nous ne le reproduisions pas en entier.

Bref de Notre Saint Père le Pape au Président et au Conseil de la Société bibliographique de Paris

PIE IX PAPE,

« Chers fils, salut et bénédiction apostolique.

« Quoique de graves soucis Nous aient longtemps
« forcé de différer Nos félicitations, Nous ne voudrions
« pas cependant, bien-aimés fils, que Notre silence Nous
« ait fait accuser par vous de négligence. Ce qui est,
« en effet, l'objet de Nos plus vifs désirs, ce que Nous
« jugeons non seulement opportun, mais véritable-
« ment nécessaire pour la défense de la foi, pour le
« renouvellement de la science, pour la réfutation des

« erreurs, pour l'illumination des intelligences, vous
« l'avez fait, et il Nous est impossible de ne point l'avoir
« pour très agréable.

« Assurément, alors que, par un criminel abus de la
« presse, l'autorité de l'Église est ébranlée, le clergé
« poursuivi d'accusations calomnieuses, Dieu lui-même
« rejeté avec tout l'ordre surnaturel, la vérité battue
« en brèche, l'histoire corrompue, les passions surex-
« citées et les mœurs perverties, il est trop juste que
« l'on se serve de cette même presse pour essayer de
« prévenir tant de désastres qu'elle a préparés, et pour
« arracher, s'il se peut, à l'abîme tous ceux qu'elle y
« pousse de mille et mille manières.

« Or, c'est ce que vous vous efforcez de faire, soit
« par cette Revue où vous rendez compte de tous les
« ouvrages nouveaux, et où vous découvrez à tous les
« yeux le venin caché dans ceux de ces livres qui sont
« mauvais ; soit par les sains et solides principes aux-
« quels vous vous efforcez de ramener la science ; soit
« par l'histoire dont vous combattez les mensonges et
« que vous reconstruisez en la vérité ; soit par l'instruc-
« tion religieuse et morale que vous faites doucement
« pénétrer dans les âmes ; soit par le récit de ces bou-
« leversements qui, plus d'une fois déjà, ont rempli
« votre pays de larmes, de ruines et de sang. Et afin
« que tous ces enseignements soient très largement
« propagés et surtout qu'ils soient mis à la portée du
« peuple qui, circonvenu par tant de mensonges, est
« poussé, pour sa propre ruine, à la destruction de
« l'édifice social, vous avez soin de les répandre, à

« aussi bas prix que possible, sous la forme de petites
« brochures qui se font des lecteurs par le charme
« dont elles sont revêtues, et mettent en lumière, pour
« tous les esprits, le caractère odieux et barbare de
« toutes ces perturbations.

« C'est pourquoi Nous vous félicitons de ce que,
« veillant en même temps aux intérêts de la religion
« et à ceux de la patrie, vous faites tous vos efforts
« pour éloigner de la France et de vos frères égarés
« les épouvantables catastrophes qui les menacent.
« Que Dieu bénisse ce zèle très charitable; qu'il bé-
« nisse vos travaux et leur fasse porter des fruits de
« plus en plus abondants, afin que vous éloigniez tout
« à fait les calamités qui sont à redouter, ou que, du
« moins, elles soient atténuées, grâce au concours de
« ceux qu'aura éclairés la lumière de la vérité.

« En attendant, recevez, chers fils, comme gage de
« la protection divine et de Notre paternelle bienveil-
« lance, la bénédiction apostolique que Nous oc-
« troyons de tout Notre cœur à vous tous et à ceux qui
« prennent part à votre œuvre.

« Donné à Rome, près Saint-Pierre, le quatorzième
« jour de mai de l'année 1877, de Notre pontificat la
« trente et unième.

« PIUS PP. IX. »

Le Souverain Pontife, considérant la Société comme
une grande œuvre catholique, voulut bien lui donner
un cardinal protecteur (avril 1878) en la personne du
cardinal Pitra, l'une des meilleures gloires de l'Église

de France et de la science chrétienne au xix° siècle.

Léon XIII profita de la publication des travaux du premier Congrès bibliographique international pour donner à l'œuvre un témoignage de sa bienveillance paternelle. Il adressa au Président de la Société le bref suivant :

Léon XIII Pape,

« Cher fils, salut et bénédiction apostolique.

« Le volume contenant les travaux du Congrès bi-
« bliographique tenu à Paris par les savants de dif-
« férents pays, Nous a été remis avec votre lettre
« pleine de respect, en date des premiers jours de
« mars. C'est assurément un honneur pour vous et
« pour la Société dont vous êtes le Président, qu'une
« telle chose ait été accomplie à votre instigation et
« sous vos auspices. Pour Nous, ce livre dont vous Nous
« faites hommage, et la lettre qui l'accompagne, nous
« ont été également agréables, car ils sont venus
« témoigner de votre soumission envers ce Siège apos-
« tolique et du zèle avec lequel vous poursuivez cette
« entreprise. Nous avons surtout été heureux d'ap-
« prendre l'augmentation considérable du nombre de
« vos associés : car votre dessein étant, comme vous
« le faites entendre, d'affirmer la vérité catholique et
« de réfuter les erreurs pernicieuses, Nous concevons
« l'espoir que cet accroissement portera de nombreux
« fruits. La victoire des défenseurs de la bonne cause
« est, en effet, d'autant plus facile qu'ils sont plus
« nombreux à unir leurs forces pour la soutenir.

« Nous vous remercions donc de vos services, et,
« implorant l'abondance des dons de Dieu, Nous vous
« adressons très affectueusement, à vous et à tous les
« membres de la Société dont vous êtes le Président,
« la bénédiction apostolique, en témoignage de Notre
« paternelle dilection.

« Donné à Rome, près Saint-Pierre, le vingt-qua-
« trième jour d'avril de l'an 1880, de Notre pontificat
« le troisième.

« Léon PP. XIII. »

III.

Composition de la Société bibliographique

La Société bibliographique se compose de membres
titulaires et d'associés correspondants. Pour faire partie
de la Société au titre d'associé correspondant, il faut
être admis par le Conseil d'administration, sur la présentation de deux membres. Pour être reçu comme
membre titulaire, il faut être présenté par deux membres titulaires. Les associés correspondants versent une
cotisation annuelle de 10 francs. Les membres titulaires versent, en outre, au moment de leur admission,
une somme de 100 francs.

Des œuvres particulières, des institutions, des col-
lèges, etc., peuvent faire partie de la Société.

Nous engageons les sociétaires à se grouper, car la
formation de ces groupes offre de grands avantages.
C'est par eux surtout que l'action de la Société peut

s'exercer. Ils peuvent être de trois sortes : comités départementaux, comités locaux, groupes cantonaux de prêtres. Il sera parlé plus loin de leur fonctionnement.

Depuis sa fondation, la Société bibliographique a pu inscrire sur ses listes plus de neuf mille membres. La mort, le découragement, les charges chaque jour plus nombreuses qui pèsent sur les catholiques ont fait des vides dans ses rangs. Elle est fière néanmoins du grand nombre de ceux qui lui sont restés fidèles. Le recrutement se fait actuellement de la manière la plus consolante. L'augmentation du nombre des sociétaires étend l'action de la Société et accroît les ressources qui lui sont indispensables pour faire le bien.

IV.

Organisation de la Société bibliographique

La Société bibliographique est dirigée par un Conseil de quarante membres, qui nomme chaque année son bureau, et choisit dans son sein quatre comités, dont les membres se partagent les travaux que comporte l'action et l'administration de la Société.

Le Comité des fonds a la charge de la gestion des finances.

Le Comité de publication examine les publications que la Société bibliographique peut entreprendre et les ouvrages que des sociétaires ou des éditeurs désirent faire paraître sous ses auspices. Il étudie les moyens de provoquer ou d'encourager la publication de livres propres à servir la cause de la vérité.

Le Comité de propagande s'occupe du recrutement des sociétaires, des relations de la Société avec les différentes œuvres et avec la presse, des moyens d'étendre l'action de la Société.

Le Comité de rédaction du *Polybiblion, Revue bibliographique universelle*, est chargé de la direction de cette revue, qui est, en quelque sorte, l'organe scientifique de la Société.

En outre, une Commission de lecture examine les livres et se prononce sur ceux qui peuvent être recommandés, soit pour être envoyés aux bibliothèques des divers groupes, soit pour être donnés aux bibliothèques populaires ou former les bibliothèques circulantes.

Unir la science à la foi, développer la première sans jamais sacrifier la seconde, utiliser toutes les découvertes, tous les progrès de l'esprit humain pour rendre plus lumineuses les vérités chrétiennes, ne jamais se départir de la tradition de l'Église qui vit par les enseignements du Souverain Pontife, tels sont les principes qui président aux travaux de la Société.

Pour étendre et fortifier son action, la Société bibliographique entretient des relations avec les Sociétés catholiques analogues existant hors de France.

V.

Organisation de la Société bibliographique en province

§ 1. — *Comités départementaux et Représentants de la Société*

Les sociétaires d'un département peuvent se constituer en comité départemental sous la direction d'un représentant de la Société. Ce comité sert de lien entre les comités locaux et les groupes cantonaux de prêtres.

Le Comité départemental s'occupe du recrutement des membres, de la formation des divers groupes. Il doit avoir la liste des sociétaires de son ressort. Il communique au Secrétaire général le décès des sociétaires et envoie sur chacun d'eux une brève notice nécrologique. Il fait part des nouvelles qui peuvent intéresser la Société. Il s'occupe de faire connaître la Société et son action dans les journaux du département.

L'extension de la Société et l'étendue des services qu'elle est appelée à rendre dépendent, en grande partie, de l'intelligence et du savoir-faire de ces Comités. Pour stimuler leur zèle et fortifier leur action, il serait à souhaiter qu'ils pussent se faire représenter aux Assemblées générales annuelles.

§ 2. — *Comités locaux*

Partout où les membres de la Société bibliographique se trouveront au nombre de vingt, ils pourront solliciter leur formation en groupe, afin d'organiser, soit pour leur bien personnel, soit pour la propagande, une bibliothèque. Nous les engageons à compléter, lorsque la chose sera possible, l'action du livre par des conférences. Les bibliothèques deviendraient ainsi un moyen très efficace de propager des idées saines et de les faire aimer. Les groupes peuvent être formés dans l'intérieur d'un cercle, d'une conférence d'études, ou d'une œuvre quelconque. La Société bibliographique, par ce moyen, contribuera pour une part très large au bien que ces œuvres sont appelées à réaliser. Il sera fidèlement tenu compte, dans le choix des livres envoyés par la Société, des besoins particuliers des groupes. Les présidents de groupes seront toujours admis à exprimer leurs désirs, qui seront pris en considération. Quand, dans une ville, il existe une bibliothèque catholique, elle est le centre désigné du comité local.

§. 3. — *Comités locaux de dames*

Vingt dames d'une même ville, entrant dans la Société bibliographique, peuvent former un groupe. Elles reçoivent en livres une somme égale à la moitié du produit de leurs cotisations. La bibliothèque ainsi formée appartient au groupe. Elle est déposée chez l'une des sociétaires, qui dresse la liste des volumes, inscrit les prêts et les retours. On peut encore la confier à une œuvre existant dans la ville. En cela comme en toutes choses, il faut tenir compte de la commodité du service et des conditions particulières. Les livres ne peuvent être communiqués qu'aux membres du groupe et à leur famille. Si la présidente et les dames du groupe le désirent, elles peuvent adopter une œuvre de propagande de la ville, et demander que la Société lui envoie, au compte du groupe, des ouvrages destinés aux bibliothèques populaires. Elles sont invitées à se créer des ressources par des quêtes, des sermons ou des ventes de charité, afin d'augmenter, soit la bibliothèque du groupe, soit les bibliothèques populaires.

Les prêtres, membres de la Société, ou les dames sociétaires habitant une ville, peuvent prendre l'initiative de ces groupements et en faire des centres d'action intellectuelle religieuse. Les groupes peuvent être formés, soit parmi les mères chrétiennes, soit parmi les enfants de Marie ou les anciennes élèves d'un pensionnat. Dans les villes où il n'existe pas de conférences pour les personnes du monde, il serait à désirer que le groupe des dames de la Société bibliographique prît l'initiative de les organiser, en utilisant le dévouement des hommes de la contrée que recommandent la sûreté de leur doctrine et leur talent oratoire. La Société bibliographique fera son possible pour guider et seconder les personnes qui prendront en mains une semblable organisation. Cette action simultanée, par le livre et par la parole, serait de nature à développer notablement la vie intellectuelle et religieuse d'une ville.

§ 4. — *Groupes cantonaux de prêtres. —*
Formation

Nos groupes de prêtres ont un double avantage:

1° Nous leur facilitons les moyens de travailler ;

2° En les groupant autour d'une bibliothèque sacerdotale, nous diminuons pour eux les inconvénients de l'isolement.

Un curé-doyen ou, à son défaut, un prêtre ayant de l'influence sur ses confrères, peut prendre l'initiative de la formation d'un groupe. Nous invitons les prêtres qui font déjà partie de la Société bibliographique à se faire les apôtres de cette œuvre et les promoteurs de ces groupements. Dès qu'ils auront réuni le nombre requis d'adhérents, ils en enverront la liste au Secrétaire général de la Société bibliographique ; ils déclareront leur volonté de se constituer en groupe et désigneront un président, que le Conseil agréera après s'être prononcé sur cette création nouvelle.

Pour faciliter la formation de ces groupes, la Société bibliographique réduit, sur leur demande, à 5 fr. la cotisation annuelle des prêtres, du moment que leur nombre s'élève à six et au-dessus. Ils sont autorisés à s'adjoindre des laïques, hommes ou femmes, membres de la Société bibliographique. Ces derniers ne pourront être pris que dans le canton ou les cantons limitrophes. Ils verseront leur cotisation annuelle de 10 fr. En s'adjoignant à un groupe sacerdotal, ils contribueront à une œuvre utile, sans perdre aucun des droits que leur confère le titre de membres de la Société bibliographique. Chacun d'eux augmentera, par le fait de son adhésion, la somme annuelle destinée à la formation et au développement de la bibliothèque sacerdotale. Les prêtres, payant la cotisation de 5 fr., pourront recevoir personnellement le *Bulletin*, moyennant un abonnement de 2 fr.

§ 5. — *Fonctions du président de chaque groupe*

Le président de chaque groupe communique directement avec la Société. Il reçoit le *Bulletin* qui lui est envoyé, avec prière de le faire circuler parmi les membres du groupe; il prend soin de le conserver dans ses archives. Les livres donnés par la Société lui sont adressés.

Le président dresse le catalogue de la bibliothèque du groupe, sur lequel il inscrit les livres reçus. Il note exactement le titre des livres prêtés et le nom des emprunteurs, la date et la durée du prêt, le jour de la rentrée. Il veille à ce que les livres soient traités avec soin. Il est dans ses attributions de réunir de temps à autre ses confrères, ou de profiter des conférences ecclésiastiques et des autres réunions sacerdotales pour exciter le zèle des membres de la Société bibliographique et stimuler parmi eux l'amour de l'étude. Il correspond avec le Secrétaire général pour le mettre au courant des besoins intellectuels des prêtres au milieu desquels il vit.

Le président peut s'adjoindre un auxiliaire, prêtre ou laïque, sur lequel il se repose d'une grande partie de son travail. Il est libre de choisir, pour le dépôt de la bibliothèque, le lieu qui semblera le plus commode pour les sociétaires.

Afin d'échapper, en cas de décès du dépositaire, au danger de la dispersion des livres, le président devra demander au Secrétaire général la marche à suivre.

§ 6. — *Dons de livres*

Chaque Comité départemental reçoit tous les ans un certain nombre de volumes, d'un prix égal à la moitié de la somme fournie par les cotisations. Le choix de ces ouvrages est fait par la Commission spécialement chargée de ce service. Il sera tenu compte, dans la mesure du possible, des désirs exprimés par le président du Comité, qui pourra faire un choix parmi les ouvrages recommandés dans le *Bulletin*.

Les livres destinés uniquement aux prêtres seront choisis parmi les publications récentes ayant pour objet tel ou tel point des sciences ecclésiastiques. Ils appartiendront définitivement au groupe.

Comme, au début surtout, les livres envoyés ne seront pas très nombreux, nous recommandons aux présidents de groupe de s'ingénier à provoquer des dons autour d'eux. Il y aurait ainsi moyen de former des bibliothèques sacerdotales. Inutile d'insister sur les notables avantages qui en résulteraient. Nous ne pouvons espérer les voir se former dans tous les doyennés; l'important est de les créer partout où faire se pourra. La Société bibliographique s'efforcera d'encourager et de seconder les initiatives. Dans les diocèses où les bibliothèques prendront un certain développement il sera bon d'organiser, de concert avec NN. SS. les évêques, une sage répartition des bibliothèques ou des livres ainsi donnés.

Si les membres d'un groupe en expriment le désir, on pourra leur envoyer des livres destinés aux laïques qui se seront joints à eux.

VI.

Publications de la Société

La Société bibliographique publie son *Bulletin* et le *Polybiblion*.

Le *Bulletin*, qui paraît tous les mois, tient au courant de tout ce qui concerne la Société bibliographique. Il comprend : 1° une *Chronique*, où l'on trouve des notices sur les membres défunts, l'indication des discours prononcés ou des conférences faites par nos confrères, des travaux publiés par eux, etc.; 2° l'*Action de la Société*, où sont relatés les faits qui témoignent de son activité, à Paris et en province, ou qui renseignent sur le développement de ses œuvres; 3° les procès-verbaux des séances du Conseil et la liste des membres nouveaux; 4° une *Bibliographie*, où sont signalés les ouvrages récemment parus pouvant intéresser les prêtres et les personnes du monde; 5° une analyse sommaire des ouvrages, destinés aux bibliothèques populaires, adoptés par la Commission de lecture.

Le *Polybiblion* est la revue bibliographique la plus importante et la mieux renseignée qui existe en France. Ce recueil mensuel se compose d'une *Partie littéraire*, où sont analysés, sous les rubriques : *Théologie, Jurisprudence, Sciences et arts, Littérature, Histoire*, les ouvrages récemment parus, et d'une *Partie technique*, où l'on trouve une bibliographie méthodique des ouvrages nouveaux publiés en France ou à l'étranger, le sommaire des principales revues françaises et étrangères, et le sommaire des articles littéraires, historiques, scientifiques et artistiques des grands journaux de Paris. Le prix d'abonnement des deux parties réunies est, pour les sociétaires, de 17 fr. (au lieu de 20 fr.).

La *Revue des questions historiques*, créée et dirigée par M. le marquis de Beaucourt, fondateur et président de la Société bibliographique, paraît tous les trois mois, et forme chaque année deux forts volumes in-octavo. C'est un recueil indispensable à quiconque s'occupe d'histoire. Le prix d'abonnement, pour les sociétaires, est de 17 fr. (au lieu de 20 fr.).

La Société bibliographique peut entreprendre telles publications qui lui semblent de nature à servir les intérêts de la religion et de la science.

VII.

Publications faites sous les auspices de la Société bibliographique

La Société bibliographique, dans le but d'encourager les auteurs et les éditeurs à publier des ouvrages utiles, fait paraître, sous ses auspices, un certain nombre de publications. Les manuscrits de chaque ouvrage sont examinés par le Comité de publication. Les ouvrages adoptés portent l'empreinte du sceau de la Société. Elle choisit plus volontiers ceux qui peuvent être distribués dans les bibliothèques des groupes.

En patronnant ces publications, la Société les recommande d'une manière spéciale à ses membres.

VIII.

Conférences ayant leur siège dans les salons de la Société bibliographique

La *Conférence d'études historiques*, fondée en 1875, est fréquentée par des élèves de l'École des chartes, des étudiants, et de jeunes hommes s'intéressant aux études historiques. Les membres de la conférence communiquent tour à tour à leurs confrères le résultat de leurs travaux : sur un point d'histoire qu'ils ont spécialement étudié, sur des ouvrages importants nouvellement parus, sur telles ou telles bibliographies de questions ou personnages historiques, etc. Les échanges d'idées résultant de ces communications donnent à ces réunions un vif intérêt.

Les membres de la Conférence s'associent aux travaux entrepris par la Société ou par d'autres Sociétés scientifiques.

La Conférence prépare ainsi des travailleurs consciencieux et des défenseurs de la foi dans le vaste domaine des études historiques.

Si les circonstances lui en montrent l'utilité, la Société bibliographique pourra organiser des conférences analogues sur d'autres sujets d'étude.

IX.

Services rendus par la Société à ses membres

§ 1. — *Bibliothèque de la Société*

Les sociétaires ont droit, dans les conditions prévues par le règlement, de consulter les revues et les livres conservés dans la bibliothèque de la Société. En vertu d'un accord conclu avec l'Institut catholique de Paris, ce même droit s'applique aux ouvrages et revues donnés par elle à la bibliothèque de l'Institut ou à ceux appartenant à l'Institut. C'est un avantage que nos sociétaires apprécient à sa valeur.

Les sociétaires peuvent avoir communication gratuite à domicile, à Paris comme en province, des revues reçues par la Société, à l'exception des derniers numéros parus. Le port est toujours à leur charge.

§ 2. — *Dons de livres et Bibliothèques circulantes*

La Société bibliographique distribue tous les ans une certaine quantité de volumes aux bibliothèques populaires ou aux écoles libres. Cette distribution est proportionnée aux ressources dont elle dispose. Plus elle compte de membres dans un département, plus elle peut se montrer généreuse. Un même sociétaire ne bénéficie de cette faveur que tous les deux ans, à moins que sa demande ne soit accompagnée de la présentation d'un nouveau sociétaire.

Des bibliothèques composées spécialement pour les classes populaires sont prêtées pour un an aux membres de la Société, moyennant la somme de 5 fr. pour vingt-cinq volumes et de 10 fr. pour cinquante. Le port est à la charge du sociétaire.

Il existe dans un grand nombre de diocèses des œuvres de bibliothèques circulantes. Une fédération de ces œuvres aurait pour toutes des avantages incontestables. La Société bibliographique se tient à la disposition de leurs directeurs pour les aider dans ce but.

§ 3. — *Renseignements bibliographiques*

Les membres de la Société bibliographique qui ont à demander des renseignements bibliographiques ou littéraires, adressent leur demande, en termes précis, au secrétariat. Ils sont invités à joindre un timbre pour l'affranchissement de la réponse.

Ceux qui auraient besoin de conseils pour leurs lectures ou leurs travaux personnels, peuvent recourir au secrétariat. Ils seront mis en relation avec des confrères capables de leur donner satisfaction.

Par ce service de renseignements la Société bibliographique peut exercer sur les esprits une influence profonde et imprimer au travail intellectuel une direction pratique et chrétienne.

§ 4. — *Remises faites aux sociétaires*

La Société bibliographique procure à ses membres des avantages matériels qui leur permettent de rentrer, et bien au delà, dans le montant de leur cotisation : remise importante sur le prix fort concédée par le libraire commissionnaire de la Société pour l'acquisition au comptant des ouvrages de la librairie parisienne; remise de 8 % faite aux membres de la Société par les magasins du Petit Saint-Thomas; remise de 8 % ou de 3 % suivant la nature des marchandises, faite par M. Vilmorin sur les achats des sociétaires (demander au secrétariat la feuille spéciale donnant à cet égard les indications pratiques), etc.

* *

Tels sont les avantages que la Société bibliographique offre à ses membres : avantages très réels si l'on se place au point de vue de l'intérêt personnel; avantages plus appréciables encore, si l'on envisage le vrai point de vue qui doit avant tout nous préoccuper : le mal à enrayer, le bien à faire, la propagande à exercer.

BESANÇON. — IMP. DE PAUL JACQUIN.

SCIENCE & RELIGION

Études pour le temps présent

Volumes in-12 de 64 pages compactes. — Prix, *franco*, 0 fr. 60 le volume.

SÉRIE HISTORIQUE

PUBLIÉE SOUS LES AUSPICES DE LA SOCIÉTÉ BIBLIOGRAPHIQUE

Librairie BLOUD, 4, rue de Madame

D'où viennent les Moines ? *Étude historique*, par Dom Besse, O. S. B. 1 vol.

Le Christianisme au Pays de Ménélik, par I.-L. Gondal, prêtre de Saint-Sulpice, supérieur du grand séminaire de Toulouse. 1 vol.

L'Église et l'enseignement populaire sous l'ancien régime, par le chanoine E. Allain, curé de Saint-Ferdinand de Bordeaux. 1 vol.

Les Juifs en France avant et depuis la Révolution. Comment ils ont conquis l'égalité, par Joseph Denais-Darnays, avocat à la Cour d'appel de Paris, diplômé des Études supérieures d'histoire et de géographie. 1 vol.

Le Catholicisme dans les pays scandinaves, par Lucien Crouzil, docteur en droit (ès sciences politiques et économiques), chargé de cours à l'Institut catholique de Toulouse. 2 vol. *se vendant séparément*.

   I. **Danemark et Islande.** 1 vol.
   II. **Norwège et Suède.** 1 vol.

Petites religions d'Amérique. *Les Cures divines. Le Spiritisme*, par le baron Carra de Vaux, professeur à l'École libre des hautes études. 1 vol.

La Révolution française et l'enseignement national (1789-1802), par le chanoine E. Allain, curé de Saint-Ferdinand de Bordeaux. 1 vol.

La première année sainte du XIXe siècle. Le Jubilé de 1825. *Étude historique*, par M. Geoffroy de Grandmaison. 1 vol.

Les Danses macabres et l'idée de la mort dans l'art chrétien, par Louis Dimier, docteur ès lettres. 1 vol.

L'Église et le rachat des captifs, par Paul Deslandres, archiviste paléographe. 1 vol.

La Propriété foncière du clergé sous l'ancien régime et la vente des biens ecclésiastiques pendant la Révolution, par G. Lecarpentier, licencié ès lettres, diplômé des Études supérieures d'histoire. 1 vol.

Envoi gratuit sur demande du **Catalogue analytique spécial** *de la collection* **SCIENCE ET RELIGION.**

Les Études ecclésiastiques, *d'après la méthode de Mabillon*, par le R. P. Dom Besse, O. S. B., 1 vol. in-18 jésus. — Prix : 1 fr. 50 ; *Franco.* 1 fr. 75

www.ingramcontent.com/pod-product-compliance
Ingram Content Group UK Ltd.
Pitfield, Milton Keynes, MK11 3LW, UK
UKHW031720170726
13836UKWH00001B/369